Mari de nuit

Femme de nuit

Un phénomène spirituel,

aux conséquences effectives.

André Kawaya Tshimanga

Copyright : André Kawaya Tshimanga

Editeur : Books On Demand GmbH, 12/14 rond point des champs Elysees 75008 Paris, France.

Impression : Books On Demand GmbH, Norderstedt, Allemagne.

Contacts : kawaya.andre@yahoo.fr

Tous droits réservés.

Toute reproduction, même partielle, sous n'importe quelle forme, sans l'autorisation écrite de l'auteur est interdite.

Les citations bibliques sont tirées de la version selon Louis Segond

ISBN : 9782322044078

Dépôt légal : février 2016

Table des matières

--Introduction..07

1-Mari et femme de nuit..11

2-Attaques diaboliques..17

3-Portes d'entrée de mari et femme de nuit.........25

4-Manifestations de mari et femme de nuit..........31

5-Victimes consentantes..37

6-Victimes non consentantes.................................43

7-Victimes inconscientes.......................................51

8-Conséquences de mari et femme de nuit...........63

Remerciements :

Angèle, mon assistante dans le champ de Dieu, mon amie et ma confidente dans la vie, je te remercie ma chérie pour ton abnégation, ton soutien et tes conseils.

Rev **Pasteur Germain Muamba**, de Kingdom Covenant Ministries ; Mississauga, Canada et

Mr **Kadé Kawaya**, de Unikade Trading Corp, Mississauga, Canada :

Je vous remercie du fond de mon cœur, pour avoir consacré votre précieux temps à la relecture du manuscrit de ce livre, et pour vos judicieux conseils.

Mr et Mme **Adèle et Diacre Romain Kasongo Ndaya**, de l'Eglise Evangélique Etoile de Gloire, Nanterre, France :

Je vous remercie sincèrement pour votre accueil chaleureux et enthousiaste lors de mon séjour chez-vous, où la bouture de ce livre prit racines.

Aux uns et aux autres, que notre Seigneur Jésus-Christ vous comble de ses bénédictions.

Introduction

Toute personne aspire à une vie de paix et de réussite ; jouir d'une bonne santé physique, mentale et spirituelle et, prospérer à tous égards comme l'avait écrit l'Apôtre Jean : « Bien aimé, je souhaite que tu prospères à tous égards et sois en bonne santé, comme prospère l'état de ton âme. » (3Jean2)

Bon nombre des chrétiens se rendent compte que, la prospérité de leur âme ne s'accompagne pas toujours de celle de leur vie de chaque jour. Ils mènent souvent une vie de soucis, de stress, de souffrance et de maladie ; une vie en dents de scie, parsemée d'échecs et de succès. A cause de tout cela, leurs prières sont désormais, orientées essentiellement vers la cherche de la guérison, ou de la solution à leurs multiples souffrances. Ces maladies et ces souffrances leur sont imposées délibérément par le diable, leur ennemi juré. Son but est de pousser les chrétiens à ne se soucier que des problèmes qui les agacent; reléguant au second plan, la recherche du royaume des cieux. Ce qu'il avait fait à Job (Job1 :6-11), il le récidive encore aujourd'hui dans la vie de chaque enfant de Dieu. Job se plaignit de ses souffrances dans presque tout son livre, sans trouver la paix. Mais, lorsqu'il tourna ses yeux vers l'Eternel, six versets seulement suffirent pour qu'il recouvrât la paix (Job42 :1-6). Il fut guéri et reçut le double de tous ses biens, que le diable avait détruits (Job42 :10). D'ailleurs, Jésus dit à ce sujet : « Cherchez plutôt le royaume de Dieu ; et toutes ces choses vous seront données par-dessus. » (Luc12 :31).

Mais à cause des souffrances, plusieurs enfants de Dieu frappent à toutes les portes qu'ils croient susceptibles de leur donner la guérison et la paix. Certains parmi eux ont même frappé à la mauvaise porte. Ils se retrouvent dans les geôles du diable, sans savoir comment ils s'y sont jetés. Une fois tombés au pouvoir de leur pire ennemi, ils deviennent des proies vulnérables du mari ou de la femme de nuit.

Le phénomène mari et femme de nuit n'est ni un mythe, ni une légende ; il n'est pas non plus une théorie sortie de l'imagination philosophique des savants. C'est un phénomène spirituel, connu non seulement de ceux qui croient en l'existence du monde spirituel invisible, mais du commun des mortels. Le mari et la femme de nuit se manifestent dans les songes, par les actes sexuels qu'ils commettent de gré ou de force, sur leurs victimes. Ces révélations dans les songes, sont des signes avant-coureurs des conséquences désastreuses qui s'abattent dans la vie de la victime. Malgré cela, beaucoup des personnes n'établissent pas un lien de cause à effet, entre l'esprit de mari ou de femme de nuit, et les maladies, les échecs et autres souffrances qu'elles endurent au quotidien, dans leur vie.

L'Eternel dit : « Mon peuple est détruit, parce qu'il lui manque la connaissance… » (Osee4 :6). Nous voudrions sensibiliser tout un chacun sur les conséquences du phénomène mari et femme de nuit car, nous pensons : Qu'il n'y a pas un grand mal que l'on puisse faire à un homme ou à un peuple, que de le priver de la connaissance.

En publiant ce livre, nous voudrions apporter notre contribution, si petite soit-elle, à la connaissance de ce phénomène. Chaque thème exploité est enrichi des expériences vécues, afin de faire vivre au lecteur, la réalité des conséquences du mari et de la femme de nuit. Compte tenu de la délicatesse du thème, nous avons opté pour la discrétion, bien que certains frères et sœurs en Christ souhaitaient voir leurs noms associés aux récits les concertants.

Par nos récits, nous voudrions que la personne qui a vécu une expérience douloureuse de mari ou de femme de nuit, donne un avis crédible sur ce phénomène. Nous laissons parler celle qui subissait les oppressions et les viols de ces esprits immondes dans ses cauchemars et, qui assistait impuissante à la déliquescence de son couple. Nous donnons l'occasion à la frigide qui ne ressentait aucune sensation de plaisir et, à celle qui essuyait des échecs dans ses projets de mariage, d'élever leurs voix pour dire : Gloire au Seigneur des seigneurs car : « Il a dépouillé les dominations et les autorités, et les a livrées publiquement en spectacle, en triomphant d'elles par la croix » (Colossiens2 :15).

Ces expériences traumatisantes des victimes, dont nous sommes des témoins privilégiés, confirment la réalité de ce phénomène spirituel, aux conséquences effectives. Elles nous confortent dans notre détermination de dévoiler ses œuvres ténébreuses, afin que la lumière de Jésus-Christ éclaire là où les ténèbres règnent.

A la personne qui sert le diable comme esprit humain de mari ou de femme de nuit, et à celle qui prend plaisir aux rapports sexuels dans les songes, la parole de Dieu dit : « La nuit est avancée, le jour approche, dépouillons-nous donc des œuvres des ténèbres, et revêtons les armes de la lumière. » (Romains 13 : 12).

Aux victimes qui souffrent des atrocités de ces démons, et qui cherchent éperdument la guérison et la paix, Jésus leur dit : « Venez à moi, vous tous qui êtes fatigués et chargés, et je vous donnerai du repos. » (Matthieu 11 :28)

1

Mari et femme de nuit

Le mari et la femme de nuit sont des êtres spirituels ; des esprits du monde des ténèbres qui commettent des actes sexuels sur les femmes, les hommes et même sur les jeunes adolescents, pendant leur sommeil. C'est un phénomène spirituel, mais les conséquences qui découlent de ses actes sont effectives, perceptibles, tangibles et/ou visibles.

Aussi vieux que le monde, ce phénomène n'a épargné ni continent ni race humaine à travers des générations. Il fut connu des vieilles civilisations, à l'instar des Grecques qui dénommèrent ces esprits impurs : Incube, l'esprit mâle qui abuse des femmes endormies, et succube l'esprit femelle, qui abuse des hommes pendant leur sommeil.

Origine de mari et femme de nuit

1- Mari et femme de nuit d'origine spirituelle:

La parole de Dieu nous révèle que le grand dragon, le serpent ancien appelé Satan le diable, désobéit à l'Eternel. Avec les anges qui lui étaient fidèles, ils furent précipités sur la terre (Apocalypse12 :9). Déchus de leur dignité, ces anges devinrent les démons et les esprits impurs. Ce sont eux qui sont à l'origine du phénomène mari et femme de nuit, comme il est écrit dans le livre de Genèse : « Lorsque les hommes eurent commencé à se multiplier sur la face de la terre, et que les filles leur furent nées, les fils de Dieu virent que les filles des hommes étaient belles, et ils en prirent pour femmes parmi toutes celles qu'ils choisirent. » (Genèse 6 :1-2)

Pour les hommes de cette époque, les êtres spirituels qui leurs apparaissaient en corps humain, étaient des fils de Dieu. En effet, qu'ils soient anges de Dieu ou de diable, ils sont tous des créatures spirituelles d'un même et seul Père, l'Eternel Dieu, Créateur de toute chose. La déchéance du diable et ses démons a complètement ruiné et détruit leur communion avec l'Eternel Dieu, mais leur filiation au seul et unique père Créateur ne peut être mise en cause. Bien que déchus, le diable et ses démons sont toujours des créatures de Dieu. C'est pour cette raison que les anges déchus qui prirent les filles des hommes pour femmes, furent appelés fils de Dieu, autrement dit, créatures spirituelles, pour les distinguer des créatures humaines.

De même, lorsque les fils de Dieu vinrent un jour se présenter devant l'Eternel, Satan le diable, vint aussi au milieu d'eux se présenter devant l'Eternel (Job6 :1). Par sa filiation, le diable est une créature de Dieu, un fils qui a totalement ruiné la communion avec son créateur, à cause de son péché d'orgueil. (Esaie14 :11-13)

A cette époque, les êtres spirituels apparaissaient avec les corps humains, ils s'entretenaient avec eux, mangeaient, buvaient, faisaient presque tout avec eux, comme s'ils étaient hommes. Mais, les hommes les reconnaissaient même à distance. C'est ainsi qu'Abraham vit trois hommes dans les chênes de Mamré et, reconnut qu'ils étaient des fils de Dieu, des anges de l'Eternel. Raison pour laquelle il se prosterna devant eux. Il leur parla comme à des êtres humains, leur apporta de l'eau pour laver leurs pieds, et leur offrit à manger et à boire. Ces anges de Dieu mangèrent et burent, comme des hommes (Genese18 :1-33).

Lot aussi vit et reconnut les deux anges de Dieu envoyés en mission pour consumer par le feu les villes de Sodome et Gomorrhe. Il s'entretint avec eux, comme avec des hommes. Il leur proposa même de passer la nuit chez lui, ce qu'ils firent. Ces anges étaient visibles aux yeux de tous. Les païens de Sodome les virent aussi :

« Les deux anges arrivèrent à Sodome sur le soir ; et Lot était assis à la porte de Sodome. Quand Lot les vit, il se leva pour aller au-devant d'eux, et se prosterna face contre terre. Puis il dit : Voici, mes seigneurs, entrez, je vous prie, dans la maison de votre serviteur, et passez-y la nuit ; lavez-vous les pieds ; vous vous lèverez de bon matin, et vous poursuivre votre route. Non répondirent-ils, nous passerons la nuit dans la rue. Mais Lot les pressa tellement qu'ils vinrent chez lui et entrèrent dans sa maison. Il leur donna un festin, et fit cuire des pains sans levain. Et ils mangèrent. Ils n'étaient pas encore couchés que les gens de la ville, les gens de Sodome, entourèrent la maison, depuis les enfants jusqu'aux vieillards ; toute la population était accourue. Ils appelèrent Lot, et lui dire : Où sont les hommes qui sont entrés chez toi cette nuit ? Fais-les sortir vers nous, pour que nous les connaissions » (Genèse19 :1-5).

A partir de l'alliance Abrahamique, le peuple choisi de Dieu sut faire la distinction entre les anges de Dieu qu'ils adoraient et, les anges déchus qu'ils évitaient. Par contre, les païens de Sodome et Gomorrhe cherchèrent à violer les deux anges de l'Eternel. Certainement parce qu'ils en avaient l'habitude avec les anges déchus.

Bien plus tard, lorsque Marie et Aaron son frère parlèrent contre Moïse au sujet de sa femme éthiopienne, cela ne plut pas à l'Eternel, et il dit : « Ecoutez bien mes paroles ! Lorsqu'il y aura parmi vous un prophète, c'est dans une vision que moi, l'Eternel, je me révélerai à lui, c'est dans un songe que je lui parlerai ». (Nombre 12 :6).

Depuis lors, les apparitions des êtres spirituels avec des corps humains devinrent de plus en plus rares et, sujet de crainte. C'est ce que nous voyons, lorsque l'ange de Dieu apparu à Gédéon. Ce dernier ne savait pas que son interlocuteur était un ange ; quand il le sut, il eut peur. « L'ange de l'Eternel avança l'extrémité du bâton qu'il avait à la main, et toucha la chair et les pains sans levain. Alors il se leva du rocher un feu qui consuma la chair et les pains sans levain. Et l'ange de l'Eternel disparut à ses yeux. Gédéon, voyant que c'était l'ange de l'Eternel, dit : Malheur à moi, Seigneur Eternel ! Car j'ai vu l'ange de l'Eternel face à face. Et l'Eternel lui dit : Sois en paix, ne crains point, car tu ne mourras pas. » (Juges 6 :21-23)

De même, lorsque Manoach et sa femme comprirent que, l'homme de Dieu qui leur avait annoncé la naissance de leur fils Samson était un ange de Dieu, ils eurent très peur. « Manoach prit le chevreau et l'offrande, et fit un sacrifice à l'Eternel sur un rocher. Il s'opéra un prodige, pendant que Manoach et sa femme regardaient. Comme la flamme montait de dessus l'autel vers le ciel, l'ange de l'Eternel monta dans la flamme de l'autel. A cette vue, Manoach et sa femme tombèrent la face contre terre. L'ange de l'Eternel n'apparut plus à Manoach et à sa femme. Alors Manoach comprit que, c'était l'ange de l'Eternel, et il dit à sa femme : Nous allons mourir car, nous avons vu Dieu. » (Juges13 :20-22)

Quand aux anges déchus, bien qu'il ne leur soit plus possible d'apparaître aux hommes avec les corps humains, ils continuent néanmoins à harceler sexuellement et à violer dans les ténèbres, des personnes qui tombent à leur pouvoir, surtout les femmes et les adolescents.

2- Mari et femme de nuit d'origine humaine :

Les démons et les esprits impurs ne sont plus les seuls à accomplir la mission de mari et de femme de nuit. Ils sont secondés dans leurs activités maléfiques et ténébreuses par les adeptes du diable ; des hommes et des femmes qui ont adhéré aux sciences occultes et à la sorcellerie. Ils opèrent dans les ténèbres sans leur corps physique, sous la forme d'esprits impurs d'origine humaine ; d'où leur appellation d'esprits humains. Mêmes morts, les fantômes de ces adeptes du diable continuent à hanter les hôpitaux désaffectés où ils ont été longtemps internés, les cimetières où ils ont été enterrés et, les anciennes habitations où ils ont vécu.

Origine des noms de mari et femme de nuit

Tout esprit porte le nom de la fonction qu'il exerce, ou de la mission qu'il est appelé à accomplir. Le premier livre des Rois nous en donne un exemple :

Lorsque l'Eternel Dieu chercha à faire périr le roi Achab, il dit devant toute son armée céleste : « Qui séduira Achab, pour qu'il monte à Ramoth en Galaad et qu'il y périsse ? Ils répondirent l'un d'une manière, l'autre d'une autre. Et un esprit vint se présenter devant l'Eternel, et dit : Moi, je le séduirai. L'Eternel lui dit : Comment ? Je sortirai, répondit-il, et je serai un esprit de mensonge dans la bouche de tous ses prophètes. L'Eternel dit : Tu le séduiras, et tu en viendras à bout ; sors, et fais ainsi! Et maintenant, voici, l'Eternel a mis un esprit de mensonge dans la bouche de tous les prophètes qui sont là... » (1Rois22 :23)

Lorsqu'un esprit quelconque reçoit de Dieu une mission, il porte le nom de cette mission tout au long de son accomplissement. Le diable, le copiste n'est pas en reste ; il donne aussi à tout esprit impur, le nom de la mission qu'il lui demande d'accomplir. Ainsi, l'esprit impur qui commet des actes sexuels sur une femme s'appelle mari de nuit ; celui qui commet ces actes sur un homme est appelé, femme de nuit. Ils ont pour mission de commettre, de gré ou de force, des actes sexuels sur les personnes qui leur ouvrent la porte de leur corps, jusqu'à ce qu'ils les détruisent.

2
Attaques diaboliques

L'homme est le temple de Dieu *(1Corinthiens3 :16)*, aussi longtemps que les portes du temple de Dieu sont fermées et qu'il n'y a aucune brèche, l'esprit impur ne peut y entrer. Mais lorsque, l'homme ouvre les portes du temple qui est son corps, les esprits impurs y entrent et peuvent même s'y établir. Il ouvre les portes lorsqu'il tombe dans les pièges du diable. Ces pièges sont des suggestions distillées avec ruse dans ses pensées, de façon à provoquer l'envie et la convoitise dans son âme. A son tour, l'âme répercute ces désirs dans le corps charnel qui a la capacité physique de les subir. Au final, le corps charnel envieux et convoitant, pousse l'homme à accomplir ces désirs charnels, qui sont des actes contraires à la volonté de Dieu. D'ailleurs à ce sujet Jacques, serviteur de Dieu et du Seigneur Jésus-Christ écrit : « Mais chacun est tenté quand il est attiré et amorcé par sa propre convoitise. Puis la convoitise, lorsqu'elle a conçu, enfante le péché ; et le péché étant consommé, produit la mort. » *(Jacques1 :14-15)*

C'est de cette manière que le diable fit pécher nos premiers ancêtres Adam et Eve, en leur suggérant de manger le fruit interdit pour avoir la connaissance, provoquant ainsi dans leurs pensées, l'envie pour ce fruit. *(Genese3 :1-6)*

Les pensées de l'homme constituent un champ de bataille, où se déroule sans cesse un combat spirituel entre l'homme et le diable. S'il arrive que l'homme soit vaincu dans ses pensées, il devient une proie vulnérable, soumise à la volonté du vainqueur, le diable. Cet homme croit que l'envie et la convoitise qui le torturent viennent du fond de son cœur. En réalité, il subit l'influence du diable, son maître à penser. C'est le diable en fait, qui provoque tout en lui ; une envie de goûter à ce qui est interdit, à ce qui l'éloigne de Dieu. Une convoitise qui le pousse à commettre l'adultère,…et biens d'autres péchés. C'est aussi de cette manière qu'il pousse l'homme dont il contrôle les pensées vers ses agents, pour une soi-disant guérison ; alors qu'au bout du fil, c'est la condamnation qui l'y attend. Voyons ci-après quelques témoignages qui illustrent bien la manière dont le diable attaque l'homme dans ses pensées.

Premier cas

Madame Véro, une sœur en Christ de notre assemblée chrétienne de France, était sortie faire les courses. De retour à la maison, elle se rendit compte, après vérification de ses factures, que la caissière s'était trompée. Car en effet, sur la facture de la caisse, elle avait payé 30 euros pour la paire des chaussures de son fils alors que, le prix réel sur l'étiquette attachée à cet article indiquait 50 euros. Elle avait ainsi ''bénéficié'' de 20 euros puisque, on n'était pas en période de solde. Alors le diable commença à lui suggérer dans ses pensées :

« Tu n'as pas volé ; ce n'est pas ta faute si la caissière s'est trompée. C'est probablement un jour de chance pour toi ; d'ailleurs ce supermarché fait des grosses recettes ; il n'y a donc pas de quoi s'en soucier. Ces malheureux 20 euros sont comme une goutte d'eau dans leur piscine. Prends les, ils sont à toi…etc. »

Suite à cette forte attaque diabolique dans ses pensées, madame Véro me téléphona pour demander mon avis. Je lui répondis sans mâcher les mots : Le diable s'attaque à vos pensées pour vous faire pécher. Cet argent n'est pas à vous, il appartient au supermarché. Pensez au sort de la caissière qui risque de subir une sanction pour un vol non commis. Le Seigneur Jésus-Christ nous recommande d'aimer son prochain comme soi-même (Matthieu22 :39). Votre prochain en ce moment c'est la pauvre caissière.

Notre sœur prit son courage à deux mains et repartit à l'instant même régulariser la situation. La caissière la remercia vivement, la présenta même à ses collègues avec joie en disant, c'est le genre des femmes que l'on ne rencontre pas souvent de nos jours ; son honnêteté m'a évité des ennuis.

A supposer que madame Véro ait répondu favorablement aux suggestions du diable en gardant ces 20 euros ; elle aurait ouvert une brèche dans son âme. De cette manière, chaque fois qu'elle irait faire des courses, il y aurait dans son cœur des souhaits de tomber encore sur une caissière négligente et distraite, afin de récolter un autre bonus malhonnête. Ainsi donc, tous ces souhaits et désirs deviendraient une habitude, élargissant la brèche jusqu'à ce qu'elle devienne aussi large qu'une porte, par laquelle entreraient les démons d'escroquerie et de vol dans sa vie. Mais en déjouant ces pièges, notre sœur remporta une victoire certaine contre le diable. Gloire à Dieu.

Deuxième cas

Le diable recourt souvent à la coutume ancestrale pour vaincre l'homme dans ses pensées, dans le but de le faire pécher, afin de le posséder et de le détruire.

Dans certains pays, il y a une coutume qui consiste à disposer d'une case des crânes, construite dans la cour familiale. Cette cour est en même temps un cimetière, où l'on enterre les membres de famille qui meurent. Lorsque le corps du défunt est supposé déjà décomposé dans sa tombe, la famille fait appel à un féticheur, dont le rôle est d'ouvrir la tombe pour prélever la tête du défunt, en présence des membres de la famille. Cette tête ira trouver sa place dans la case, une sorte de musée des crânes familiaux. Les crânes de toutes les personnalités importantes de la famille sont bien conservés et marqués pour une bonne identification en cas de besoin.

Or, les besoins ne manquent pas ; lorsqu'un membre de cette famille rencontre des échecs dans un domaine de la vie, il fait recours à la case des crânes. Mais pour ce qui nous concerne, s'il n'arrive pas à rencontrer une âme sœur pour le mariage, le diable lui suggère sans tarder de recourir à son agence matrimoniale de circonstance, à la case des crânes.

A ce stade, il se demande s'il faut continuer à chercher par soi-même ou, faire intervenir la case des crânes. Le combat s'engage dans ses pensées, entre le diable qui le pousse à recourir à la case des crânes, et lui-même qui essaie de résister aux suggestions sataniques. S'il est vaincu dans ses pensées, il tombe au pouvoir du diable. Alors il frappera à la porte du chef de famille pour chercher le secours de la case des crânes.

Le chef de famille organisera alors un rite au cours duquel, le crâne du plus grand polygame que la famille ait connu sera identifié. Un féticheur invité pour la circonstance prélèvera de la poussière sur ce crâne, tout en invoquant l'esprit du défunt de venir dans la poussière. Ensuite, la poussière sera mélangée aux ingrédients rituels pour préparer un cocktail à l'esprit humain. Une portion du cocktail sera donnée à boire, à la personne qui avait fait recours à la case des crânes. De cette façon, l'esprit du défunt polygame est invité dans son corps, afin de lui apporter du succès dans la recherche d'une âme sœur.

Au comble de malheur, quelques parents profitent de la cérémonie, pour faire boire la potion à leurs très jeunes enfants et, même aux bébés. En faisant cela, ils croient que leurs jeunes enfants reçoivent dore-et-déjà, l'esprit de la chance, pour se marier dès leur majorité. Or, c'est souvent le contraire qui se manifeste dans leur vie d'adulte et, ce fut le cas d'un frère en Christ du Cameroun.

Célibataire, quarante huit ans révolus, ce frère en Christ vint nous voir à Yaoundé où nous étions en mission, pour une délivrance. Il était confronté à l'esprit de femme de nuit dans ses songes. Pendant plusieurs années, une femme de nuit lui rendait des visites amoureuses en songes. Parfois dans ses songes, il logeait avec elle et leurs enfants de nuit, dans une belle villa. Alors qu'en réalité, il n'était ni marié ni fiancé, ni même capable de louer un studio. Fatigué et découragé, il alla s'en référer à ses parents et, réussit à découvrir la cause de son célibat et de sa pauvreté.

Lorsque notre frère en Christ était encore un petit enfant, ses parents lui avaient fait boire la potion de la case des crânes. « Vous connaitrez la vérité et la vérité vous affranchira » (Jean 8 :32). La divulgation de ce secret fragilisa l'alliance du mariage de nuit. Notre frère en Christ fut enfin délivré de l'esprit humain de la femme de nuit qui hantait ses nuits et provoquait par conséquent, son célibat endurci et sa pauvreté. Gloire à Dieu.

Troisième cas

Depuis le jardin d'Eden, le diable manipule avec habilité la ruse, pour tenter de vaincre l'homme dans ses pensées. Le cas d'une sœur en Christ de notre assemblée chrétienne en France, en est un exemple :

Une gentille et tranquille jeune fille habitait le même quartier qu'un jeune homme aux allures séduisantes, toujours joyeux. Tous deux s'aimaient et informèrent leurs parents respectifs de leur projet des fiançailles. Un jour, le séduisant prétendant invita sa future fiancée, à une manifestation organisée dans un quartier éloigné. Ils s'y rendirent et tout se passa bien jusqu'à la fin des festivités, pour la joie de la jeune fille. Sur leur chemin de retour, alors qu'il faisait déjà tard, le prétendant entraina la jeune fille dans une vieille cabane abandonnée et lui proposa de sceller leur amour par deux actes simples mais significatifs. Simple parce que, selon lui, tous les fiancés passent par là. Significatif parce que, ce sont les preuves de l'amour de l'un pour l'autre, lui dit-il.

Mais de quels actes, peut-il s'agir à cette heure tardive de la nuit, se demanda la jeune fille au fond de son cœur ?

Comme on pouvait s'y attendre, le premier acte était.., qu'ils se connaissent physiquement, à l'heure même, dans la cabane où ils se trouvaient. Le deuxième acte, ne devant être connu qu'après l'accomplissement du premier.

La jeune fille était troublée, elle ne savait quoi dire, quoi répondre… ; le combat s'engagea dans ses pensées, un combat rude… ; la tête de la jeune fille chauffa, sa respiration devint haletante, ses réflexions confuses…, de son visage coulait une petite sueur, contrastant avec la fraicheur de la nuit.

Pendant ce temps, le séduisant fiancé ne lâchait pas prise ; il caressait sa proie, l'embrassait sur la bouche, sur la poitrine, lui collait tous les sobriquets d'amour : Mon bébé, mon chouchou, ma biche, mon cœur…etc.

A l'idée que le deuxième acte pourrait être une jolie bague de fiançailles, hélas…, la jeune fille craqua, elle céda et le diable gagna le combat dans ses pensées et… dans les faits.

A peine les ébats du premier acte terminés, encore haletant, le jeune homme allongea sa main pour attraper son pantalon qu'il avait jeté précipitamment au sol, en prélude du premier acte. Il introduisit sa main dans la poche et sortit quelque chose. Sans nul doute,… c'est une jolie bague de fiançailles, s'imagina la jeune fille. Mais, à sa grande surprise, le jeune homme brandit une lame de rasoir toute neuve, se coupa au bras. Puis, balbutiant des paroles à peine audibles et mal cadencées, à cause de l'essoufflement dût au premier acte et dit : Si tu m'aimes réellement pour la vie, suce maintenant mon sang comme preuve de ton amour ; et moi je ferai de même après toi, pour te prouver que je t'aime et que je ne t'abandonnerai jamais. Au stade où elle en était, perplexe et confuse, la jeune fille s'exécuta.

Ainsi fut conclue une alliance de sang, par laquelle l'esprit de mari de nuit reçu un droit légal de la posséder. En souvenir de l'accomplissement du premier acte et de l'alliance de sang, l'homme offrit à sa future fiancée une chainette en or qu'il lui ordonna de porter et de ne plus jamais s'en séparer.

Quelque temps après, l'astucieux prétendant abandonna la jeune fille et, alla s'attacher à une autre, pour des nouvelles aventures. Mais bien des années plus tard, les cauchemars de mari de nuit commencèrent à hanter les sommeils de celle qui fut une jeune fille gentille et tranquille. Elle ne se souvenait plus de ce qui s'était passé une décennie plutôt, avec un séduisant jeune homme de son quartier. La chainette en or suspendue à son cou ne lui rappelait plus rien du tout. Elle avait complètement oublié ses aventures amoureuses qui avaient débouché sur l'alliance de sang. Elle ne pouvait établir un lien entre son alliance de sang, et ses songes de mari de nuit.

Lorsqu'elle vint dans notre assemblée chrétienne, elle accepta Jésus-Christ dans sa vie comme Seigneur et Sauveur, s'attacha à la parole de Dieu et s'adonna à la prière. Le jour de sa délivrance, grâce à la cure d'âme, elle se souvint de son ex-prétendant, de l'alliance de sang et de la chainette en or suspendue à son cou. Elle se repentit avec des larmes aux yeux, tout en se débarrassant de la chainette en or. Par la prière d'autorité, nous dépouillâmes et détruisîmes la chainette de sa puissance satanique après quoi, la jeune femme s'en sépara définitivement. Pendant la prière de délivrance, l'esprit de mari de nuit qui hantait ses nuits sortit d'elle avec des agitations et des cris.

La jeune femme fut délivrée de l'esprit de mari de nuit qui abusait d'elle dans ses sommeils et qui l'avait maintenue dans le célibat pendant longtemps. Après sa délivrance, dans la même année, elle rencontra l'homme de sa vie, avec qui elle se maria devant Dieu et devant les hommes. Gloire à Dieu et honneur à notre Seigneur Jésus-Christ.

3

La porte d'entrée
de mari et femme de nuit

Comme nous venons de le voir au chapitre précédent, lorsque le diable attaque un homme, il cible premièrement ses pensées. S'il parvient à prendre possession de ses pensées, il les inonde des envies et des convoitises, lesquelles poussent l'homme au péché. Lorsque le péché est consommé, il engendre toutes sortes des souffrances : La pauvreté, les échecs, les maladies, la stérilité, le célibat,…, et la mort.

Embourbé dans ses souffrances, ne sachant à quel saint se vouer, l'homme n'agit plus selon sa conscience, mais plutôt selon la volonté du diable, son maître à penser. Oui, c'est le diable qui lui suggère d'aller consulter ses agents les féticheurs, les animistes, les mediums, les marabouts et autres occultistes, dans l'espoir d'être guéri. Rusé comme son maître, l'agent du diable lui fera conclure des alliances sataniques, sans qu'il ne comprenne rien. Or, une alliance avec le diable, est un droit légal donné aux esprits impurs. C'est une clé qui leur permet d'ouvrir la porte d'entrée du corps de cet homme.

Qu'on ne se voile pas la face, les alliances sataniques ne sont pas l'apanage d'un continent, d'un peuple, d'une race humaine ou d'une civilisation donnée. Elles sont un piège satanique pour tous car, personne n'est hors de sa ligne de mire. En effet, le diable a infiltré la société humaine de ses agents ; ses organisations se sont intégrées à l'évolution socioculturelle de chaque peuple. C'est ainsi que, dans une certaine culture sociétale, on trouve le fétichisme et la sorcellerie manipulant la lame de rasoir et la cendre ; dans une autre, l'animisme et le maraboutisme, brandissant les amulettes et les bracelets en cuivre ; et dans une autre encore, les sciences occultes piégeant les nouveaux membres, avec leurs formulaires adhésions…etc. L'homme à la pointe de ces organisations ténébreuses, qu'il soit féticheur, sorcier, marabout, medium, magicien ou occultiste,.., c'est tout simplement un agent du diable. Voyons comment ça se passe sur le terrain.

1-Lorsqu'un homme consulte un agent du diable pour gagner l'amour d'une femme, alors que celle-ci ne l'aime pas, il a ouvert la porte d'entrée de son corps. Le diable profite de cela pour le marier à un esprit impur de femme de nuit dans les ténèbres.

2-De la même manière, lorsqu'une femme utilise les moyens diaboliques pour attirer l'amour d'un homme pour le mariage, alors que ce dernier ne l'aime pas, elle a ouvert la porte d'entrée de son corps. Le diable la mariera certainement à un esprit impur de mari de nuit qui, tôt ou tard se manifestera dans sa vie avec toutes les conséquences possibles.

3-Si une personne a utilisé dans sa jeunesse, ou utilise des puissances sataniques pour avoir du succès dans le domaine de l'amour, elle a surement ouvert la porte d'entrée au phénomène mari et femme de nuit dans sa vie.

4-Lorsqu'une femme stérile consulte un agent du diable pour avoir une grossesse, elle lui donne par le fait même, un droit légal qui lui permet d'ouvrir librement la porte d'entrée de son corps. L'agent du diable peut débloquer la stérilité que son maître avait provoquée mais, en contrepartie, faire porter à l'enfant à naître la marque du diable, pour qu'il soit à son service dans sa vie.

5-Une femme qui consulte un agent du diable dans le but de déterminer le genre (fille ou garçon) de l'enfant à concevoir, expose d'or et déjà son futur bébé, aux esprits de mari et femme de nuit.

6-Lorsqu'une personne a eu une relation sexuelle avec un agent du diable, elle a ouvert la porte d'entrée de son corps au phénomène mari et femme de nuit. En effet, en couchant avec un démoniaque, elle est une seule chair avec lui (1Corinthiens6 :16).

7-Lorsque, pour prouver son amour, une personne a léché ou bu le sang de son partenaire, mélangé ou non à une boisson ou à un repas, elle a ouvert la porte d'entrée de son corps au mari ou à la femme de nuit. Les alliances de sang sont des liens très forts de mariage de nuit. Elles transcendent même la mort de l'un ou l'autre de ses alliés.

 8-Lorsqu'un veuf ou une veuve fait des déclarations d'un amour impérissable au mort, lors de son enterrement au cimetière, lieu de rassemblement des esprits impurs et des agents de diable, il ouvre la porte d'entrée de son corps à un mari ou à une femme de nuit. L'esprit impur de mari ou de femme de nuit prendra la forme et le visage du défunt ou de la défunte, pour faire croire à la victime que son défunt conjoint revient par les songes ou par les visions pour combler son vide.

9-Si un nouveau-né reçoit le ou les noms d'un chef coutumier, surtout si ce dernier l'agrée par intronisation, le bébé héritera de facto l'identité spirituelle de son homonyme chef coutumier. Par conséquent, l'esprit de la première épouse de ce chef coutumier se manifestera comme femme de nuit, dans sa vie d'adulte.

10-Il en est de même pour une fille qui reçoit à sa naissance, le ou les noms de la première épouse d'un chef coutumier. Elle est une proie vulnérable d'un esprit de mari de nuit. Par les liens du nom, elle connaitra dans sa vie d'adulte, des manifestations de mari de nuit, l'esprit humain du chef coutumier.

11-Le mariage blanc est en soi un gros mensonge qui ouvre la porte d'entrée au diable. Lorsque l'un de deux partenaires dans ce faux mariage est un agent du diable, il devient par le fait même, un esprit de mari ou de femme de nuit de l'autre.

12-Lorsqu'un ami ou un membre de la famille du marié finance la dot du mariage, il est un mari de nuit potentiel de la mariée, surtout s'il est un agent du diable. Car en effet, c'est lui qui a versé la dot, avec l'accord du fiancé c'est-à-dire, qui a dans les faits, épousé la fiancée. Il pourrait avoir fourni la dot dans le but d'en profiter pour sceller une alliance de mariage de nuit avec la mariée, à la barbe de l'ignorant jeune marié.

13-Lorsqu'il y a eu divorce sans que la dot n'est soit restituée même symboliquement, le lien du mariage coutumier peut, ne pas être rompu. Il peut laisser la voie libre au phénomène mari et femme de nuit. Si l'un des membres de l'ex-couple est un agent du diable, il peut devenir un esprit humain de mari ou de femme nuit de l'autre.

14-La purification de l'esprit de mari ou de femme de nuit par les marabouts, les féticheurs, les occultistes ou par le rite coutumier, ne peut chasser cet esprit impur car, ils sont tous du même bord (Matthieu12 :25-26). Par contre, elle favorise le transfert d'autres esprits impurs dans l'âme de la personne traitée, sans n'en chasser aucun.

15-Une personne qui fréquente des sectes pernicieuses pour une guérison, une protection ou un traitement quelconque, s'expose à un mariage de nuit avec un être spirituel. Car souvent, le gourou exige à la personne qu'il traite, de lui apporter un objet qui symbolise, dans certains cas, son mariage de nuit avec un être spirituel.

16-Lorsqu'après une consultation ou un traitement, la personne malade refuse ou oublie d'honorer la facture de l'agent du diable, elle tombe au pouvoir du méchant créancier le diable, avec toutes les conséquences possibles.

17-L'inceste est une abomination qui ouvre grandement la porte au mari ou à la femme de nuit.

4

Manifestations de mari et femme de nuit

Pour accomplir leur mission, les esprits impurs de mari et de femme de nuit commettent des activités sexuelles sur les personnes qui tombent dans pièges du diable. Ces activités ténébreuses se révèlent dans les songes de la plupart de ces personnes que nous appelons, les victimes. Ainsi, les manifestations de mari et femme de nuit, sont leurs activités ténébreuses, révélées aux victimes par les songes.

Bien que ces actes sexuels se passent, pour beaucoup, dans les ténèbres, les victimes les ressentent comme pour de vrai. Raison pour laquelle, l'homme victime mouille son pyjama, tandis que la victime femme ressent les sensations d'avoir eu l'orgasme avec l'homme de son songe.

Les victimes de l'esprit de mari ou de femme de nuit ne ressentent pas toutes de la même manière, les manifestations de ces démons. Certaines les vivent en songes avec plaisir ; d'autres par contre, les ressentent avec amertume et ne les supportent pas. Enfin d'autres encore, bien que victimes de ce phénomène, ne font ni songes, ni cauchemars ni vision de mari ou de femme de nuit.

Selon la manière dont les victimes ressentent ou non, les manifestations de l'esprit de mari ou de femme de nuit, nous allons les regrouper en trois catégories distinctes :

La première catégorie : Elle concerne les victimes qui vivent et ressentent les manifestations de mari ou de femme de nuit dans leurs songes mais, y trouvent un certain plaisir et s'y accommodent sans parfois y prêter attention. Ce sont des victimes consentantes.

La deuxième catégorie : Par contre, deuxième catégorie concerne les victimes qui ne supportent pas la présence de cet esprit immonde dans leur vie, fut-il dans les songes. Elles souffrent terriblement des oppressions et des viols de mari ou de femme de nuit pendant les cauchemars, et dans leur conscience. Nous les appelons, les victimes non consentantes.

Enfin la troisième catégorie : Elle concerne les victimes qui ne rêvent ni ressentent les manifestations de l'esprit de mari ou de femme de nuit dans leurs songes. Elles affrontent inconsciemment les conséquences de ce phénomène dans leur vie, sans en soupçonner la cause. Nous les appellerons, les victimes inconscientes.

Le mot victime est employé dans ce livre pour designer une personne possédée, tombée au pouvoir de mari ou de femme de nuit et qui en subit forcement les conséquences dommageables.

Les manifestations par les songes et les visions :

« Dieu parle cependant, tantôt d'une manière, tantôt d'une autre, et l'on n'y prend point garde. Il parle par des songes, par des visions nocturnes. Quand les hommes sont livrés à un profond sommeil, quand ils sont endormis sur leur couche. Alors il leur donne des avertissements et met le sceau à ses instructions, afin de détourner l'homme du mal et de le préserver de l'orgueil, afin de garantir son âme de la fosse et sa vie des coups du glaive » (Job33 :14-18).

Mais nous savons néanmoins, qu'il y a des songes qui ne viennent pas de Dieu. Le monde des ténèbres communiquerait aussi par les songes, dans ses relations avec les siens. Il y a des songes qui sont le reflet au niveau du subconscient, des intenses pensées, désirs et préoccupations de la journée ou d'une période de temps donnée. Des tels songes ne peuvent être considérés comme des avertissements ou des messages de Dieu. Nous allons illustrer cela par quelques exemples :

1-Lorsqu'un jeune homme fait la connaissance d'une jolie adolescente qu'il aime intensément et ne cesse de penser à elle, il peut arriver qu'il fasse des songes de cette fille. Cela ne peut être d'emblée interprété comme un message de Dieu.

2-Lorsqu'un fanatique d'une équipe de football participe activement et pendant des heures à des discussions au sujet de la grande compétition sportive à laquelle son équipe prendra part aux prochains jours, il peut arriver qu'il ait des songes en rapport avec ladite compétition. Il ne s'agit pas non plus, d'un message de Dieu, mais plutôt d'un reflet des discussions auxquelles il avait pris part quelques jours avant l'événement.

3-Lorsque deux jeunes mariés, amoureux et épris l'un de l'autre, sont séparés géographiquement pendant plus ou moins une longue période de temps, il peut aussi arriver que l'un ait des songes de rapports sexuels avec l'autre.

Cela ne peut être considéré d'emblée comme un esprit de mari ou de femme de nuit, bien que des tels cas existent.

Les songes, les cauchemars et les visions dont il faut tenir compte:

Le mari ou la femme de nuit agit dans les ténèbres sans que sa victime ne se rende compte, ni de la manière dont elle lui a ouvert les portes de son corps, ni de la façon dont son esprit est enfermé dans les prisons spirituelles du monde des ténèbres. C'est seulement par les cauchemars, les songes ou les visions qui reviennent de façon récurrente, que l'on arrive à comprendre que l'on est tombé dans les pièges du mari ou de la femme de nuit.

1-Le mari ou la femme de nuit opère généralement lorsque sa victime a un sommeil léger, sommeil en mode veille, pour emprunter le terme utilisé en téléphonie mobile. C'est un moment pendant lequel la victime n'est ni complètement endormie, ni totalement éveillée. Elle fait des songes, dans lesquels une personne de sexe opposé, connue ou non, lui fait des avances amoureuses, l'agresse sexuellement, couche avec elle ou la viole sans état d'âme.

2-Parfois, l'esprit de mari ou de femme de nuit se manifeste dans un couple marié lorsque, dans ses songes, la victime voit souvent une troisième personne couchée entre elle et son conjoint dans le lit conjugal.

3-Certaines personnes vivent les manifestations de mari ou de femme de nuit, non pas en songes mais, par des visions. Il arrive aussi que la victime, sans être endormie, ait des sensations d'une présence invisible, comme partenaire ou violeur en action.

4-Il arrive parfois dans un couple marié, que l'époux se retrouve le matin au sol, alors que le soir, il était au lit et dormait aux côtés de son épouse. Son rival de nuit l'a tout bonnement éloigné de sa femme pour prendre sa place sans disputes ni bagarres.

5-L'accouchement ou l'allaitement d'un bébé en songes, avec parfois des écoulements des seins le jour comme une femme qui a accouché ou qui allaite, alors qu'en réalité il n'en est rien, présage l'existence d'un mari de nuit.

6-De la même manière, la grossesse en songes accompagnée de gonflement des seins le jour, est aussi un signe de la présence d'un mari de nuit, auteur de cette grossesse nocturne. Cette femme est féconde dans les ténèbres, alors qu'en réalité, elle vit dans la stérilité. Les liens du mariage de nuit sont plus forts que ceux du mariage légitime ; c'est pourquoi ils provoquent souvent le divorce du couple légitime.

7-Parfois, la victime de l'esprit de mari ou de femme de nuit fait souvent des songes, dans lesquels elle se marie avec une personne connue ou inconnue, mais qui n'est ni son époux ni son fiancé.

8-Certaines victimes font des songes dans lesquels, elles se retrouvent en couple marié avec quelqu'un, et même avec des enfants, alors qu'en réalité, il n'en est pas le cas.

9-D'autres victimes vivent des terribles cauchemars ; dans leurs sommeils, ils affrontent des disputes et ou des bagarres pour cause de la jalousie. C'est le rival de nuit qui en est la cause.

10-La lune de miel en songes avec une autre personne que son conjoint ou son fiancé, présage aussi la présence de l'esprit de mari ou femme de nuit.

11-Lorsqu'une personne mariée fait des songes, dans lesquels une personne de sexe opposée lui offre un cadeau d'une robe, d'une voile ou d'une alliance de mariage, elle est sous la menace d'un esprit de mari ou de femme de nuit.

Ces manifestations sont à prendre en considération, surtout lorsqu'elles sont vécues de manière récurrente. Dans ce cas, la connaissance de la porte d'entrée, citée ou non dans ce livre, aidera la victime à se repentir de manière sincère (Proverbe28 :13). Une repentance faite en connaissance de cause fragilise les alliances sataniques et, conduit à la délivrance (1Jean1:9).

5

Les victimes consentantes

Les victimes de cette catégorie sont celles qui vivent une aventure amoureuse de manière harmonieuse avec un mari ou une femme de nuit. Elles prennent plaisir aux pratiques sexuelles avec des esprits impurs, ignorant totalement la situation désastreuse dans laquelle elles se laissent plonger. Elles ignorent comment et pourquoi ces esprits impurs envahissent leur nuit. Elles ne s'intéressent qu'au plaisir éphémère qu'ils en tirent pendant quelques instants de leur sommeil, sans se poser des questions.

Parmi les victimes de mari et femme de nuit, il y a aussi et surtout, les adeptes du monde des ténèbres. Ils se métamorphosent en esprits humains afin d'accomplir la mission leur assignée dans les ténèbres, celle de commettre des actes sexuels sur les victimes, ignorant qu'ils sont eux-mêmes, les victimes de leur maître, le diable.

Les victimes consentantes sont des personnes qui ne découvrent l'étendue des dégâts que lorsqu'elles sont au bord du précipice, lorsqu'il est parfois trop tard pour faire marche arrière, pour réparer les dégâts ou restaurer leur vie. En voici quelques cas :

Premier cas :

En 2001 en rd-Congo, un jeune homme vint me consulter pour une délivrance au sujet de ses échecs aux examens d'études. Un étudiant brillant pourtant, mais qui traversait un moment difficile dans sa vie estudiantine. Cette année là, il avait connu des échecs dans ses études malgré les efforts fournis et le temps consacré à la préparation des ces examens. Ne comprenant pas ce qui lui arrivait, il vint me voir pour une prière de délivrance.

Je le reçus et lui donnai un programme de prière, au bout duquel il devrait revenir pour la délivrance. Le jour de la délivrance, je lui demandai s'il avait eu des songes pendant la période de jeûne et prière. Non dit-il ; je suis même triste car, depuis que je suis entré en prière, ma petite copine qui venait souvent me rendre visite dans les songes n'est plus revenue. Voulant en savoir un peu plus, je lui dis : De quelle copine s'agit-il ? Il enchaina : Une jolie fille vient coucher avec moi dans mes songes et cela se passe comme de vrai. Pour mon entourage, je suis un garçon sérieux, qui ne s'intéresse qu'à ses études. En réalité, depuis que je reçois cette copine nocturne, aucune autre fille ne me plait.

La parole de Dieu nous dit : « Mon peuple est détruit parce qu'il lui manque la connaissance... » (Osée4 :6). Aussi longtemps qu'il ignorait les conséquences dommageables, dues à ses rapports sexuels avec sa copine de nuit, il continuait à mettre en péril sa vie chrétienne et ses études, ruinant ainsi son avenir. Il me fallut l'exhorter pour qu'il comprenne le danger auquel il était confronté, afin de l'amener à une repentance sincère, avant la prière de délivrance.

<u>Deuxième cas :</u>

En 2006 au Cameroun, une veuve de cinquante ans révolus vint me voir pour une délivrance. Elle fut épouse d'un jeune médecin qui mourut à vingt six ans, la laissant veuve à vingt trois ans, avec deux enfants en bas âge.

Selon leur coutume, la veuve doit prononcer les mots d'adieu au défunt, avant qu'on le mette en terre. Mais suite au choc de la mort dans son cœur, la jeune veuve s'adressa au défunt et lui dit : Je t'ai aimé et je t'aimerai toujours. Même mort, tu resteras mon mari. Je n'aimerai plus un autre homme dans ma vie.

Une déclaration lourde des conséquences ; le diable lui-même n'attendait pas mieux que cela. « La mort et la vie sont au pouvoir de la langue ; quiconque l'aime, en mangera les fruits » (Proverbes 18 :21).

Peu de temps après l'enterrement, la jeune veuve commença à vivre des phénomènes étranges en songes. Lorsqu'elle allait au lit pour dormir, au moment où le sommeil commençait à peser sur ses paupières, la jeune veuve voyait son défunt mari à ses côtés comme de son vivant. En ce moment là, elle n'avait plus conscience de la réalité des faits. Ils parlaient des problèmes de leur foyer, de la scolarité de leurs enfants, et ils terminaient tout naturellement par des rapports sexuels. Après cela, il lui disait au revoir et sortait de la chambre. C'était toujours après son départ qu'elle se rendait compte qu'il s'agissait d'une vision. Et pourtant, elle sentait même dans sa chair des réelles sensations d'avoir accompli l'acte sexuel avec un homme, son époux mort.

Le diable avait profité de son adresse au défunt époux pour la condamner. Il lui envoyait un démon qui prenait la forme et le visage du défunt, afin de la maintenir dans le veuvage et surtout, de perdre son âme. Pendant environ vingt sept ans, cette femme a entretenu des relations avec un esprit démoniaque qu'elle croyait son défunt mari. Grace à la délivrance en Jésus-Christ, elle recouvra sa liberté. Gloire à Dieu.

Troisième cas :

En France, une jeune femme célibataire vint me voir pour une prière de délivrance. Partout où elle pouvait se trouver, elle sentait une présence à ses côtés, toujours près d'elle, une présence qui sentait l'odeur de mort.

Dans sa jeunesse, cette jeune femme fut successivement adepte de l'hindouisme et de bouddhisme, avant de devenir membre de l'église catholique. Bien qu'elle se trouvait ainsi au confluent d'un métissage socioculturel complexe, elle menait tranquillement sa vie jusqu'au jour où, cette présence invisible, à l'odeur de mort, fit irruption dans sa vie.

Elle tomba très malade et perdit tout ce qu'elle avait, y compris ses droits et avantages sociaux ; tous ses amis l'abandonnèrent. Elle se décida de retourner auprès de son père pour chercher un secours. Ce dernier la conduisit au siège d'une secte de vaudou dont il était membre, pour qu'elle y soit traitée. Le traitement consistait à participer aux rites vaudous, au cours desquels la prêtresse chasser les démons pendant qu'elle entrait en transe. Quelques semaines après ces traitements, la jeune femme commença à recouvrer progressivement sa santé. La présence invisible à l'odeur de mort ne se fit plus sentir. Alors la prêtresse lui demanda d'apporter une bague en argent, pour un rite de conjuration de l'esprit de mort qui cherchait à l'emporter dans l'au-delà.

La jeune femme partit dans les bijouteries de la place pour acheter la bague. Bien qu'elle en ait trouvé plusieurs et de différentes couleurs, il n'y en avait qu'une seule en argent. Au comble de malheur, elle était plus large que son annulaire. N'ayant pas d'autres choix, elle l'acheta quand même et l'apporta à la prêtresse de vaudou.

La nuit suivante, un rite de conjuration de l'esprit de mort qui hantait la vie de la jeune femme fut organisé. Au cours du rite, alors qu'elle était en transe, la prêtresse introduit à l'annulaire gauche de la jeune femme la bague en argent que cette dernière lui avait apportée la veille. Ensuite, elle la conduisit dans le sanctuaire vaudou et lui donna des instructions suivantes : Tu es libre de dormir comme tu veux, avec qui tu veux, tous les jours de la semaine, à l'exception du mercredi. Désormais, le mercredi tu dois dormir seule, sur un lit couvert de draps blanc, une taie d'oreiller blanche.

Le lendemain, la jeune femme constata qu'elle n'avait plus sa bague en argent. Elle pensa tout de suite qu'elle était certainement tombée quelque part, parce qu'elle était trop large pour son doigt. Mais curieusement, bien qu'elle fût large, la bague avait laissé une marque indélébile à son annulaire.

Depuis lors, chaque mercredi soir, dès qu'elle allait au lit pour se coucher, un homme venu de nul part, et toujours le même, faisait irruption dans son lit. La fille me confirma que cela n'avait rien de songe. Elle vivait sa vie amoureuse avec cet être insolite, comme pour de vrai. Elle y trouvait autant de plaisir qu'avec un amant en chair et en os. Oui, cet esprit satanique était en chair et en os pendant leurs ébats amoureux, après quoi, il se volatilisait comme de la fumée et disparaissait sans laisser des traces, jusqu'au mercredi prochain.

Un jour, sa copine l'invita à un séminaire évangélique organisé dans une ville voisine. Se souvenant de ses origines catholiques, elle accepta l'invitation. Depuis sa participation au séminaire évangélique, son mari de nuit devint agressif et violent. La présence de l'homme invisible qui sentait l'odeur de mort refit surface dans sa vie, avec son chapelet des maladies et de misère noire. Elle se décida alors de quitter le vaudou et son père, pour se jeter aux pieds de Jésus-Christ le Sauveur.

Un dimanche après le culte, cette jeune femme vint me soumettre son problème, afin que je prie pour elle. Je la fis accepter Jésus-Christ comme Seigneur et Sauveur, avant de l'encadrer spirituellement. Après quelques semaines de suivi spirituel, la jeune femme fut délivrée de l'esprit de mort qui hantait sa vie, et de l'esprit de mari de nuit qui lui apparaissait chaque mercredi dans son lit pour abuser d'elle. En plus, elle recouvrit ses avantages et droits sociaux qu'elle avait perdus. Gloire à Dieu et honneur à notre Seigneur Jésus-Christ.

6

Les victimes non consentantes

Les victimes qui appartiennent à cette catégorie, sont des personnes qui ressentent avec amertume les oppressions et les viols du phénomène mari et femme de nuit et, ne les supportent pas. Désemparées et incapables de sortir de cette situation par elles-mêmes, elles frappent à toutes les portes supposées susceptibles de leur venir en aide, hélas, sans succès. Elles cherchent la purification auprès des sages dans la coutume traditionnelle, hélas !...en vain. Elles consultent les féticheurs, les marabouts et les sorciers dans l'espoir de recouvrer la paix, elles n'y trouvent que la supercherie. Elles forcent les portes des sectes et loges mystiques dans l'espoir d'y trouver la consolation, hélas !..., elles se retrouvent dans les liens sataniques. Evidemment tous ces agents de Satan ne peuvent chasser un esprit impur, leur acolyte. « Si un royaume est divisé contre lui-même, ce royaume ne peut subsister » (Marc3 :23-26). Tout ce qu'ils font, c'est la substitution d'un esprit impur dont la mission a été dévoilée, par un autre ayant une mission différente, afin qu'il puisse opérer en quiétude, dans l'ombre.

La seule et unique solution pour obtenir la délivrance, c'est Jésus-Christ. Voyons quelques cas choisis parmi tant d'autres, que nous avons rencontrés au cours de l'exercice de notre ministère de délivrance.

Premier cas :

Dans certaines coutumes africaines, lorsqu'un membre d'un couple marié meurt, celui qui reste en vie est considéré d'office comme une victime potentielle du phénomène mari et femme de nuit. Il doit être purifié de l'esprit du défunt conjoint, selon les rites traditionnels. Cela devient plus qu'une nécessité, lorsque cette victime potentielle fait des songes ou des visions de mari ou femme de nuit, selon le cas.

Au Benelux une femme perdit son époux qui n'était pas chrétien. De son vivant, il était respectueux de la coutume de son pays d'origine. Quelques mois après sa mort, la veuve commença à faire des songes dans lesquels, son défunt époux venait coucher avec elle. Elle avait du dégoût et de l'amertume chaque fois qu'elle faisait ces genres de songes. Elle informa sa mère qui, à son tour, informa la mère du défunt. Les deux familles se concertèrent pour trouver le moyen de purifier la veuve de l'esprit de son défunt époux. Elles la conseillèrent de rejoindre son ex-belle famille afin d'y subir une purification.

La veuve accepta le conseil ; elle alla habiter pour quelques jours, chez les parents du défunt. Elle eut la sagesse de se renseigner au préalable, sur la purification qu'elle devrait subir. La sœur du défunt lui dit : La purification s'effectue en pleine nuit, au bord d'une rivière, d'un ruisseau ou d'un lac, en présence d'un ayant droit à la succession, généralement un frère ou un cousin du défunt.

Elle se fait de la manière suivante :

Deux femmes choisies parmi les plus âgées, dont l'une du village du défunt et l'autre de celui de la veuve, se chargent du rite d'invocation des esprits des eaux. Selon cette coutume, les esprits des eaux sont les seuls capables de chasser l'esprit de mari de nuit qui hante les nuits de la veuve. Après les invocations et autres rites, elles déshabillent la veuve et la plongent dans la rivière ou, la lavent au bord d'un ruisseau, afin que les esprits des eaux déjà invoqués, la débarrassent de l'esprit de son défunt époux.

A sa sortie de la rivière ou après son bain, la veuve est accueillie par l'ayant droit de la succession. Celui-ci couchera avec elle au bord de la rivière ou au croisement des sentiers, en présence des deux vieilles, afin de conjurer définitivement l'esprit de mari de nuit. Après l'acte sexuel, l'ayant droit perd son droit d'héritage sur la veuve. En d'autres termes, le lien de mariage qui liait la veuve à la famille du défunt est rompu devant témoins.

Comme on peut le constater, il n'y a pas de purification mais plutôt, un transfert d'autres esprits aussi puissants que celui de mari de nuit. En effet, à l'esprit de mari de nuit, s'ajoutent les esprits des eaux, la sorcellerie qui est le soubassement du rite coutumier, et l'esprit d'inceste.

Lorsque la veuve eut pris connaissance de ces détails, elle opposa un refus catégorique à la purification proposée. Elle ramassa ses affaires, quitta son ex-belle famille et vint nous rejoindre à notre assemblée chrétienne où, elle ouvrit son cœur à Jésus-Christ qu'elle accepta comme Seigneur et Sauveur. Elle reçut sa délivrance et, n'eut plus les manifestations de mari de nuit. Elle retourna toute heureuse dans son pays. Gloire à Dieu et honneur au Seigneur des seigneurs.

Deuxième cas :

En rd-Congo, une jeune femme célibataire, fonctionnaire de l'administration publique, recevait régulièrement la visite de son ami d'enfance. Ils étaient fiancés et, planifiaient de se marier. Le jeune homme était un chômeur insouciant, il ne disait pas un mot à propos de la recherche d'un emploi ; et même, esquivait tout le temps d'aborder le sujet. Il ne se pointait chez sa fiancée que pour assoupir ses appétits sexuel et alimentaire, avant de trouver un prétexte pour quitter les lieux. Suite à ce comportement, la jeune femme commença à bouder ; démontrant par là que leur projet de mariage n'avait pas d'avenir.

Ayant pressenti le danger, l'homme demanda à sa fiancée de l'accompagner chez un féticheur pour une consultation au sujet justement de leur projet de mariage. La jeune femme accepta et l'accompagna. Le féticheur leur dit : Il y a un esprit mauvais qui tourne autour de vous pour vous séparer, afin de vous faire rater les merveilleuses bénédictions qui vous attendent dans le mariage.

Les deux fiancés se regardent sans dire un mot, puis l'homme demande au féticheur : Que devrions-nous faire pour que cet esprit mauvais nous laisse tranquille ? Le féticheur leur dit : Ne vous en faites pas, je vais m'occuper de votre cas ; je veux vous protéger. Il faut seulement que vous m'apportiez ce que je vais vous demander.

Le lendemain soir, les deux jeunes gens apportèrent au féticheur ce qu'il leur avait demandé. Ce dernier les fit entrer dans sa case pour une séance de protection. A l'aide d'une lame de rasoir neuve, il coupa à l'un et à l'autre une petite incision de par et d'autre de la tête, près de chaque oreille. Ensuite, il prit un vieux lambeau de tissu, défit un nœud contenant la poussière de cendre noire. Il l'introduit dans chaque incision en frottant vigoureusement tout en murmurant des mots inaudibles, jusqu'à ce que la poudre pique dans l'incision comme du piment. C'est ainsi que le féticheur protégea les fiancés de l'esprit mauvais.

Quelques temps après leur protection mystique, la jeune femme constata avec regret que le comportement de son fiancé laissait beaucoup à désirer. Son appétit et son chômage finirent par l'agacer, elle mit fin à leurs fiançailles. Peu de temps après, des terribles cauchemars commencèrent à hanter les sommeils de la jeune femme. Un furieux inconnu la menaçait et la violait régulièrement dans ses songes. La situation s'empira jusqu'à tel point que la jeune femme sentait des sensations de la présence du furieux mari de nuit même en plein jour, aux heures de sieste.

Elle consulta les féticheurs et les marabouts en vain ; mais lorsqu'elle vint au Seigneur Jésus et lui donna sa vie, elle recouvrit totalement la paix lors de la prière de délivrance. Le furieux mari de nuit cessa définitivement de hanter ses nuits. Gloire à Dieu.

Troisième cas :

Au Congo, un jeune couple s'était résolu d'immigrer à l'étranger mais, toutes leurs démarches pour obtenir des visas se soldaient toujours par un échec. Un jour, alors que le mari prenait un verre de bière dans une boutique du coin, il fit connaissance d'un étranger. Au cours d'une de leurs conversations, il se rendit compte que l'étranger en question ne l'était pas réellement. C'était un fils du pays, venu passer les vacances auprès de ses parents à Pointe Noire. A partir de ce moment, leurs conversations ne tournaient qu'autour de visas de voyage.

Les jours passaient, les deux jeunes hommes se rencontraient assez souvent, leur amitié se consolidait de jour en jour. Le mari informa sa femme de son amitié avec le vacancier venu de l'étranger. Au fil des jours, il découvrit que son ami vacancier était célibataire et qu'il avait déjà la nationalité de son pays hôte.

Ne pouvant laisser passer une telle opportunité, le mari convint sa femme pour qu'ils profitent des conseils du vacancier afin d'obtenir les visas. Ce dernier lui avait expliqué, de quelle manière il pouvait les aider. Il lui avait suggéré d'organiser un mariage blanc c'est-à-dire, un faux mariage légal. Cela prendra du temps mais, on est sûr d'obtenir les visas de manière honorable, lui avait-il dit. Après réflexion, le couple opta finalement pour le mariage blanc.

Ainsi, le vacancier épousera la femme de son ami, laquelle se présentera à la mairie sous un faux nom, qui deviendra désormais son nom. Ils mirent en exécution leur projet. Le vacancier retourna dans son pays d'adoption, emporta avec lui les preuves de son mariage civil, en vue de solliciter le regroupement familial. Selon leur plan, lorsque la femme rejoindra son faux mari à l'étranger, elle simulera de vivre en couple avec lui, tout en respectant une ligne rouge imaginaire, jusqu'à ce qu'elle obtienne les papiers de résidence. Ensuite, elle se choisira un moment favorable pour divorcer du faux mari. Enfin, elle s'installera comme femme seule, avant de solliciter à son tour, le regroupement familial en faveur de son vrai mari resté au pays.

Mais, quelques mois à peine que le faux mariage légal était célébré avec pompe, la jeune femme commença à vivre des cauchemars dans ses sommeils. Elle voyait régulièrement en songes le faux mari, lui faisant des avances amoureuses, des agressions sexuelles avec insistance et finalement, des viols systématiques. Elle en parla à son mari, qui lui répondait : Cela provient de ton imagination ; les embrassades, les bisous et les câlins simulés lors du faux mariage légal à la mairie, en sont certainement pour quelque chose. Un peu de temps tu verras, ça va cesser.

La pauvre femme ne savait quoi faire ; plus elle faisait des cauchemars, plus elle avait le dégout sexuel. Elle ne voulait plus de son mari ; elle était devenue frigide. Elle renonça aux démarches pour le voyage à l'étranger et prit la décision de divorcer, pensant que cela pourrait mettre fin à son calvaire.

A cette époque, elle reçut la visite d'une amie chrétienne. Elle lui fit part de sa décision de divorcer et de ne plus se remarier. Celle-ci l'invita avec son mari, à assister d'abord aux séances de prière organisées dans l'assemblée chrétienne de leur ville, avant de prendre une quelconque décision. Le couple accepta l'invitation et vint assister à la séance de prière dans l'assemblée chrétienne où, j'étais en mission. C'est là qu'il me fut présenté pour un encadrement spirituel, en vu d'une prière de délivrance. Tous les deux furent touchés par la parole de vérité et, acceptèrent aussitôt Jésus-Christ comme Seigneur et Sauveur dans leur vie. Le jeune époux et son épouse se repentirent et, de commun accord, ils abandonnèrent le projet d'immigration par la voie de fraude. Après cela, ils furent délivrés et, redevinrent comme avant, unis et amoureux l'un de l'autre. La paix et la joie réapparurent sur leurs visages. Gloire à Dieu et honneur à notre Seigneur Jésus-Christ.

7

Les victimes inconscientes

Certaines victimes ignorent qu'elles sont sous la domination du phénomène mari et femme de nuit ; tout simplement parce qu'elles ne font pas des songes dans leur sommeil. Parmi ces victimes, certaines font des songes mais, les oublient à leur réveil. D'autres par contre, vivent toutes sortes des songes dans leur sommeil, à l'exception de ceux qui concernent la manifestation de ce phénomène. Toutes ces personnes sont des victimes qui s'ignorent. Elles endurent les conséquences de mari ou femme de nuit dans leur vie, sans en soupçonner la cause.

Elles sont amnésiques des songes de mari et femme de nuit, à cause de la présence d'un autre esprit impur appelé morphée. Ce démon efface les songes de la mémoire de la victime, afin que le mari ou la femme de nuit perpétue ses actes ignobles en toute quiétude. Une victime inconsciente est semblable à un malade qui ignore qu'il est atteint d'une maladie mortelle, jusqu'à ce que la mort la surprenne.

Voyons quelques cas choisis parmi tant d'autres, des victimes inconscientes que nous avons traitées, dans l'exercice de notre ministère de la délivrance.

Premier cas :

Une épouse et mère d'enfants nous avait consultés au sujet de sa frigidité congénitale, nous avait-elle dit. Depuis qu'elle avait connu son époux, premier et unique homme dans sa vie, elle n'avait jamais expérimenté ce que toute femme ressent, lorsqu'elle est au lit conjugal avec son époux. Pourtant, elle n'avait jamais fait des cauchemars ou des songes de l'esprit de mari de nuit. A cause des commérages des femmes, elle commença à soupçonner son époux d'être la cause de sa frigidité, parce qu'il n'arrivait pas à lui faire ressentir, ce dont les autres femmes commentaient tant.

Elle alla se confier à sa meilleure amie ; celle-ci lui conseilla « d'aller voir ailleurs » avant de tirer une quelconque conclusion. Elle mit en pratique le conseil diabolique de son amie et, commit l'adultère avec un homme ; elle ne ressentit aucune sensation de plaisir. Elle alla essayer avec un deuxième homme dans l'espoir de tomber sur le bon, hélas.., c'était toujours pareil ; elle n'eut pas d'orgasme et, n'en éprouva aucun plaisir.

Rongée par la culpabilité, pour avoir trompé par deux son époux, et de l'avoir considéré à tort comme cause de sa frigidité, elle se résigna, convaincue que sa frigidité était congénitale. Quelques années plus tard, cette épouse et mère d'enfants suivit le mouvement des femmes chrétiennes et se convertit au christianisme. Elle s'attacha à la parole de Dieu, s'adonna avec assiduité aux séances de prière et aux affermissements.

Lorsque nous la reçûmes pour la cure d'âme et délivrance, elle n'avait aucun renseignement à nous fournir au sujet de sa frigidité, puisqu'elle n'avait jamais eu des songes ni des visions de l'esprit de mari de nuit. C'est ainsi que la cure d'âme ne tourna qu'autour d'autres préoccupations qu'elle nous avait soumises.

Mais, à un moment du déroulement de la cure d'âme, elle se mit brusquement à crier à tue-tête, s'affala à terre, s'agitant et écumant comme frappée de crise d'épilepsie. Nous arrêtâmes immédiatement la cure d'âme pour nous attaquer à la délivrance. Après la délivrance, lorsqu'elle reprit sa conscience et son souffle, elle dit :

« Il y a eu comme un flash ; et soudain, ma mémoire s'est ouverte sur une épisode de ma vie. J'ai commencé à revivre le passé de mon enfance, lorsque j'avais environ cinq ans d'âge. A cette époque, ma mère qui était une fille mère, épousa un homme d'un village lointain. Le jour où elle devait aller rejoindre son mari, elle m'amena avec elle.

Dès l'aube, nous partîmes de la maison de ma grand-mère. Après une longue journée de marche, nous arrivâmes au petit marché d'un village. J'aperçus un vieux couple assis sur un tronc d'arbre, à l'ombre d'un manguier. C'étaient les parents de l'homme qui allait devenir le mari de ma mère. Ils nous attendaient à ce lieu de rendez-vous. Sans perdre de temps dans les protocoles de salutations et présentations, nous reprirent notre marche en file indienne derrière le vieux couple, en direction du village où habitait leur fils. Une fois arrivés, ma mère resta chez son mari tandis que, le vieux couple et moi, repartîmes de suite.

J'étais fatiguée et incapable de reprendre la marche. La belle mère de ma mère me porta sur son dos. La nuit tombait lorsque j'aperçus notre destination ; un petit village calme, parsemé des huttes assez distantes les unes des autres, reliées entre elles par les sentiers de brousse.

La vieille belle mère de ma mère me déposa à terre devant l'entrée d'une hutte ; elle entre-ouvrit la porte mais, n'y entra pas. Elle retira quelque chose sous la petite véranda en chaume puis, revint vers moi. Pendant ce temps, son vieux mari se coucha à même le sol sur son dos, et se mit à baisser sa vieille culotte tout en lambeaux, pour sortir son organe génital. Quelle horreur !... Jusque là, je n'avais vécu dans notre maison qu'avec ma mère et ma grand-mère ; n'apercevant les hommes qu'à distance. Brutalement, je fus foudroyée par ce que je voyais… et, dans l'effroi de ce qui allait pouvoir m'arriver !…

La vieille femme me prit par la main, m'approcha de son mari couché en travers l'entrée de la petite hutte !… Elle m'obligea à tenir l'organe génital de son mari dans ma petite main, et à répéter sans arrêt après elle : Ce que je tiens est à moi. Elle s'éloigna, contourna la hutte en pulvérisant quelque chose comme une poudre de cendre noire, tout en parlant dans un patois incompréhensible pour mon âge. Pendant ce temps, je tenais toujours avec ma petite main, ce que la vieille femme m'avait obligé de tenir, tout en répétant ce qu'elle m'avait ordonné de répéter.

A la fin de son rite, elle m'interdit de n'en parler à personne. Depuis, les années ont passé, la petite fille que j'étais a grandi, s'est mariée et, elle est devenue une mère des enfants. J'avais oublié complètement cet épisode de ma vie mais voilà que, pendant le déroulement de la cure d'âme, le film de cette histoire a fait irruption dans ma mémoire sous forme d'une vision.

Dans cette vision, le vieux dont j'étais obligée de tenir son sexe, se débâtait pour sortir de moi. Je l'ai vu sortir de mon corps comme une ombre, lâcha-t-elle tout en larmes mais, heureuse d'avoir été débarrassée de l'esprit du mari de nuit, qui opérait incognito dans son corps depuis sa tendre enfance. Depuis, notre sœur en Christ est heureuse, tant dans son foyer que dans sa chambre à coucher. Gloire à Dieu et honneur à notre Seigneur Jésus-Christ.

Deuxième cas :

A Brazzaville au Congo, j'avais reçu à la cure d'âme, une femme mariée depuis trente cinq ans et mère de six enfants. Alors que notre dialogue avait pratiquement terminé et qu'elle s'apprêtait à partir pour laisser la place au suivant, je lui posai machinalement une question : Est-ce que vous aimez votre mari ? La femme était embarrassée ; après hésitation, elle se rassît calmement. Sans donner la réponse à ma question, elle me posa à son tour une question : Auriez-vous appris quelque chose à mon sujet ? Peiné à l'idée que j'ai probablement heurté sa conscience, je lui répondis tout simplement : Non, puisque je ne vous connais pas, ni votre mari d'ailleurs. Je suis étranger, c'est ma première fois que je viens dans votre pays et dans votre ville ; je n'ai même pas encore accompli vingt quatre heures. Alors elle me répondit : Je ne sais comment vous êtes arrivé à me poser cette question, personne ne me l'a jamais posée. Eh bien, franchement ma réponse est non. Je n'aime pas mon mari et je ne l'ai jamais aimé comme époux ; et pourtant j'ai six enfants avec lui. Nous nous sommes aimés follement pendant nos fiançailles ; mais depuis le jour de notre mariage coutumier, je n'ai plus aimé mon mari jusqu'aujourd'hui, malgré les six enfants et trente cinq ans de mariage avec lui.

Est-ce que votre mari est au courant de cette situation, réplique-je ? Oui, il est au courant ; il sait que je ne l'aime plus depuis notre mariage coutumier. Il vit avec ce choc dans son cœur mais, il continue à me supporter. De mon côté c'est pareil, je vis avec lui malgré moi, d'ailleurs il est trop tard pour agir autrement.

Suite à cette réponse assez surprenante, j'ai dû recommencer la cure d'âme de notre sœur en Christ pour fouiner, rechercher la porte d'entrée du mari de nuit qu'elle aurait contracté au cours de leur mariage coutumier. En effet, lors du mariage traditionnel ou coutumier, les jeunes fiancés sont exposés sans le savoir, aux plusieurs pièges sataniques camouflés sous forme de cérémonie de mariage, alternant savamment les sketchs et les rites sataniques. C'est ainsi qu'au moment crucial de la cérémonie, le chef de famille ordonne à la jeune fiancée de porter un verre de jus à la bouche de l'homme qu'elle aime et qu'elle va épouser incessamment. C'est une manière traditionnelle de le présenter à l'assistance et de lui prouver son amour devant tous.

En réalité, c'est cela la vraie signature du pacte de mariage coutumier. Parfois, il peut s'agir non pas d'un verre de jus mais, plutôt d'une noix de cola. Mais le côté sombre de la coutume, est qu'elle arrive toujours à glisser un grain de sable dans la soupe, au moment où l'on s'y attend le moins. Selon la même coutume, la jeune fiancée doit d'abord honorer l'oncle qui a un droit d'héritage sur elle, en portant un verre de jus ou une noix de cola à sa bouche, avant de le faire à son fiancé. Tout cela agrémenté par des chansons et des danses traditionnelles, pour bien distraire les fiancés. Et, c'est ce qui s'était passé trente cinq ans plutôt, lors du mariage coutumier de notre sœur en Christ.

A cause de son ignorance, elle présenta en premier son oncle devant tous, en lui faisant boire un verre de vin de palme. Elle consacra son mariage de nuit avec l'esprit de son oncle, en présence des sorciers de deux familles réunies. Pour dissimuler cela, l'esprit d'oubli fut installé dans l'âme de la jeune mariée, afin qu'elle soit amnésique de tous les songes en rapport avec les activités du mari de nuit.

C'est ainsi que, l'amour qu'elle avait pour son fiancé s'évapora en une soirée comme de la fumée. Il fut détourné par la coutume au profit de l'esprit humain de son oncle. A cause de son amnésie, elle n'eut ni cauchemars ni songes de l'esprit de mari de nuit, durant trente cinq ans de leur vie de couple.

Une fois sa cure d'âme terminée, elle passa la délivrance et rentra chez elle soulagée. Le dimanche qui survint après la séance de la cure d'âme et délivrance, nous étions tous au culte d'adoration de notre Seigneur Jésus-

Christ. Tout de suite après la clôture du culte, un couple vint et s'arrêta devant moi avec des cadeaux. Je ne comprenais rien, puisque je ne me souvenais ni de l'un, ni de l'autre ; et pourtant tous les deux me souriaient comme si nous nous connaissions.

En fait, en trois ou quatre jours de travail d'affilé à la cure d'âme et délivrance, chacun de nous recevait plusieurs dizaines des personnes qu'il rencontrait d'ailleurs pour la première fois. Dans ces conditions, il n'était donc pas possible à quiconque, de retenir un visage. La femme se rendit vite compte que, je ne me souvenais plus d'elle ; alors elle se présenta avec sourire : « C'est moi la femme qui n'aimait pas son mari, mais qui l'aime maintenant plus que tout ». A ces paroles, je me suis souvenu d'elle et de son histoire. Très heureux d'avoir retrouvé son amour, le mari me dit à son tour : « Enfin, notre lune de miel sursis depuis trente cinq ans vient de commencer, voilà pourquoi nous vous apportons ces cadeaux, pour la fête de notre vrai mariage. Gloire à Dieu et honneur à notre Seigneur Jésus-Christ.

<u>Troisième cas :</u>

Une jeune adolescente reçut la visite d'une de ses camarades, venue lui demander de l'accompagner chez une féticheuse qu'elle fréquentait, l'adolescente accepta. Lorsqu'elles arrivèrent, la féticheuse s'occupa naturellement de sa cliente. Dès qu'elle eut terminé, elle se tourna vers la jeune adolescente et lui dit : Jeune fille, mes esprits me disent que tu es sous la malédiction, le sais-tu ? Tu seras malheureuse dans ta vie, à moins que tu sois purifiée et protégée. La jeune adolescente eut peur ; sans réfléchir, elle lui dit : Que dois-je faire pour que cela ne m'arrive pas ? Evidemment, la maligne féticheuse n'attendait que cela pour installer ses pièges, afin de l'attraper dans ses filets comme un gibier. Elle lui proposa une séance de purification, pour annihiler la malédiction programmée dans sa vie et ses conséquences.

Par crainte d'un éventuel malheur dans sa vie, la jeune fille accepta la proposition. Deux jours plus tard, sans en avoir informé ses parents, elle répondit au rendez-vous de la féticheuse, munie de tout ce qu'elle lui avait exigé. La maligne sorcière la conduit à un endroit isolé et non fréquenté au bord du lac, non loin de leur village. Et là, elle lui demanda de se déshabiller et de se déchausser, avant de faire de même à son tour. En sous-vêtements, elles s'enfoncèrent toutes deux, dans les eaux tièdes et calmes du lac.

La féticheuse entama ses rites par l'invocation des esprits des eaux du lac, afin qu'ils viennent purifier la jeune adolescente. Puis, elle se mit à lui frotter le corps avec des herbes sauvages, à l'enduire des huiles essentielles, et lui tapotant le visage et la poitrine avec une vieille statuette. Elle faisait tout cela en parlant aux esprits des eaux dans une sorte de patois inconnu et incompréhensible. Après son rite de purification, la féticheuse récupéra le slip et le soutien gorge trempés de la jeune fille, les présenta aux esprits des eaux puis, les jeta dans le lac, aussi loin qu'elle pouvait. L'adolescente sortit du lac toute nue, sans son slip ni son soutien gorge, elle mit sa robe, paya sa facture et partit pour toujours.

Quelques années plus tard, elle épousa un jeune homme de sa province, de trois ans son aîné. Les jeunes mariés vécurent pendant cinq ans dans la stérilité. Ils subirent les pressions de leurs familles respectives, qui les poussèrent même au divorce, à cause de leur stérilité. Pour sauvegarder leur amour, ils partirent de leur province natale pour s'installer dans la capitale du pays, située à plus de mille kilomètres. Chrétiens pratiquants, ils se donnèrent totalement à l'œuvre de Dieu, dans un siège naissant de notre assemblée chrétienne, c'est là que je les rencontrai. Ils vinrent me voir au sujet de la stérilité qui les frappait, alors qu'ils étaient déjà à la huitième année de leur vie de couple. Au niveau médical, tous les examens étaient négatifs, tant pour la jeune femme que pour son mari. Aucune incompatibilité à leur fécondité n'était constatée.

Je les soumis à un programme de prière, à l'issu duquel, l'esprit d'oubli, autrement appelé l'esprit de morphée, qui effaçait leurs songes et leurs cauchemars fut débusqué et chassé au cours de la première séance de délivrance. Alors les songes et les cauchemars de mari de nuit firent irruption dans les sommeils de la jeune femme. Cela nous fit comprendre que la stérilité était due à un esprit de mari de nuit.

Nous orientâmes la cure d'âme vers la recherche d'une porte d'entrée de cet esprit impur. La jeune femme finit par se souvenir de la purification qu'elle avait subie, dans le lac de son village. Grace à la connaissance de cette vérité, l'esprit de mari de nuit qui opérait caché, fut débusqué et chassé. Les cauchemars de la jeune femme cessèrent ; cela marqua ainsi la victoire de notre Seigneur Jésus-

Christ sur l'esprit de mari de nuit qui était la cause de la stérilité du couple. Un an après le suivi spirituel, la jeune femme donna naissance à un beau garçon. Gloire à Dieu et honneur à notre Seigneur Jésus-Christ.

8

Conséquences
de mari et femme de nuit

« Soyez, sobres, veuillez. Votre adversaire, le diable, rode comme un lion rugissant, cherchant qui il dévorera. » (1Pierre5 : 8)

En comparant le diable au lion, l'Apôtre Pierre met en exergue sa stratégie d'attaque, qui est pareille à celle du lion. Lorsque ce prédateur décide d'attaquer une proie, il cherche d'un regard perçant, un animal vulnérable dans le troupeau. Lorsqu'il le repère, il utilise toutes ses tactiques pour l'isoler et l'éloigner du troupeau, son refuge. Dès que cet animal s'en éloigne, il devient une proie vulnérable, qui n'aura que peu de temps à vivre.

Il en est de même pour le diable ; sa stratégie consiste à éloigner le chrétien de son église, vers un milieu où il n'y a pas de vie de prière, afin de le faire pécher. Dès qu'il tombe dans le péché, ce chrétien s'éloigne de l'Eternel son refuge, comme le prophète Esaie le dit : « Mais ce sont vos crimes qui mettent une séparation entre vous et votre Dieu ; ce sont vos péchés qui vous cachent sa face et l'empêchent de vous écouter. » (Esaie59 :2)

Lorsque le chrétien n'est plus sous la protection divine, il est à la merci des esprits impurs, dont celui du mari ou de la femme de nuit. L'existence de cet esprit impur dans la vie d'une personne est une cause de sa souffrance, de sa destruction et même de sa mort.

En effet, lorsque les fils de Dieu prirent pour femmes les filles des hommes, autrement dit, lorsque les êtres humains concédèrent au mariage avec les êtres spirituels, l'Eternel se repentit de les avoir créés. Il réduit leur espérance de vie de plusieurs siècles, à cent vingt ans seulement. Il extermina presque toute la vie sur terre par le déluge, à l'exception de Noé, sa famille et les créatures qui étaient avec lui dans l'arche. (Ge 6 : 1-7). Ceci montre à suffisance la gravité des conséquences dues au mariage entre un esprit impur et un être humain.

Aujourd'hui encore, bien que l'Eternel ait mis un terme au châtiment collectif du déluge (Genese9 :9-15), ces relations sexuelles continuent d'engendrer des conséquences désastreuses dans la vie de la victime. En voici quelques unes :

Lorsque la victime est célibataire :

Lorsqu'une personne célibataire est sous l'emprise du phénomène mari et femme de nuit, son comportement change sans qu'elle s'en rende compte. Ce changement de comportement se manifeste par une certaine indifférence, voire une antipathie vis-à-vis des personnes du sexe opposé. Ceci est dû au fait que la victime n'est célibataire que dans notre monde physique ; au niveau spirituel, elle est saturée des activités sexuelles dans son couple des ténèbres. Le mari ou la femme de nuit est un partenaire très jaloux. Il décourage et éloigne toute personne qui voudrait épouser sa victime, condamnant ainsi cette dernière au célibat endurci. Comment ce démon arrive-t-il à condamner sa victime au célibat endurci ?

A l'une de mes missions à Brazzaville, une fille vint me voir pour une délivrance au sujet du célibat dont elle était victime. En fait, cette fille n'arrivait pas à se marier. Chaque fois qu'elle avait un prétendant, il l'abandonnait au bout de quelque temps, sans raison valable. Un jour, elle eut un fiancé tenace dans ses décisions. Il souhaitait que leur mariage soit organisé le plus tôt possible. Les deux jeunes gens s'aimaient bien ; ils informèrent avec joie leurs familles respectives de leur décision de se marier dans les plus brefs délais. Sans tarder, les deux familles tombèrent d'accord et entamèrent les préparatifs de mariage.

Tout allait bon train jusqu'à un soir, alors que les deux fiancés se promenaient tout joyeux, bras dessus bras dessous, sous la lumière feutrée des réverbères qui longent le trottoir, le jeune homme lâcha brutalement sa fiancée et prit ses jambes à son cou, détala tout paniqué. Depuis, il ne retourna plus auprès de sa fiancée. Par contre, sa famille y alla pour annoncer la rupture des fiançailles aux parents de la jeune femme. Mais, pourquoi la rupture ? Que s'était-il donc passé ce soir là, où le fiancé prit la fuite ?

Lorsque les deux jeunes amoureux étaient en promenade, le fiancé voulut faire un bisou à sa chérie, dont il n'avait cessé de tenir la main tout au long de leur promenade. Il tourna son visage vers elle pour lui faire ce bisou d'amoureux mais hélas…, la belle fiancée était devenue une vieille et laide femme de plus de quatre-vingt ans. Paniqué, le fiancé détala à toute allure pour sauver sa peau, pour échapper aux griffes de la sorcière. Et pourtant, la pauvre fille ignorait tout de cette illusion ; une œuvre de mari de nuit destinée à décourager ce fiancé, comme il en avait déjà découragé plusieurs avant lui.

Couvrir sa victime d'un masque de vieillesse ou de laideur, la doter d'une langue de venin c'est-à-dire, un langage blessant à l'endroit du fiancé, l'imprégner d'une odeur nauséabonde que seul le fiancé peut sentir, sont quelques unes des techniques que l'esprit de mari de nuit utilise pour dissuader le fiancé, à abandonner son projet de mariage avec sa victime. Lorsque la victime arrive tout de même à se marier, elle trouvera d'autres obstacles sur son chemin, prêts à déstabiliser son couple.

La victime est une personne mariée :

Le mari de nuit est un esprit très jaloux ; il n'hésite pas à attaquer son rival, l'époux légitime de sa victime. De la même manière, la femme de nuit attaque l'épouse légitime de sa victime. L'un comme l'autre fait subir à son rival ou à sa rivale selon le cas, toutes sortes des tortures et des cauchemars en songes.

Dans mon livre intitulé : **Sur le chemin de l'au-delà**, j'ai expliqué en détail l'histoire d'une fille qui était possédée par un esprit de mari de nuit. Dès qu'elle s'est mariée, l'esprit de mari de nuit se mit à attaquer son époux en songes. Le jeune époux commença à faire des cauchemars, dans lesquels il se disputait et se bagarrait avec un inconnu, pour arracher son épouse.

Dans les cauchemars du jeune époux, son rival nocturne était très fort ; il le brutalisait et le torturait atrocement. Avec le temps, les tortures en songes commencèrent à se manifester physiquement dans la chair du jeune marié. Le matin au réveil, il se sentait fatigué ; il avait mal au dos et des courbatures. Les rapports intimes devinrent blessants, douloureux et difficiles à conclure. Le jeune homme se dégoûta de sa femme et, choisit de faire chambre à part. C'est le début d'un long calvaire que le mari de nuit fait subir non seulement à son rival, mais à tout le couple. Un calvaire qui commence par la fatigue, passe par la stérilité, le dégout sexuel, la frigidité ou la faiblesse sexuelle, pour aboutir au divorce, voire à la mort de la victime, si elle ne recourt pas à Jésus.

Lorsqu'une personne mariée est possédée par un esprit de mari ou femme de nuit, les conséquences qui en découlent ne concernent pas seulement sa propre vie, mais aussi et surtout celle de son conjoint légitime. L'objectif final que poursuit ce démon est de consumer à petit feu le mariage, tout en mettant en mal son rival ou sa rivale et, en détruisant à mort sa victime. Cette destruction commence généralement par la fatigue que ressent la victime.

En effet, lorsque le mari de nuit s'accouple avec sa victime, cela se passe sur le plan spirituel mais, les manifestations et les conséquences de ce phénomène se répercutent de manière effective dans la chair de la victime. Elle éprouve des sensations d'avoir été visitée par un homme, quoiqu'en songes.

Une fréquence élevée de ces accouplements, acceptés ou subis avec violences, engendre la fatigue dans la vie de la victime, parfois accompagnée des courbatures et de douleur au dos. Lorsque la victime est une personne relativement jeune, son organisme peut encaisser le coup, de sorte que la fatigue et les courbatures ne seront pas ressenties avec la même acuité que chez une personne plus âgée.

Cette fatigue sexuelle conduit souvent la victime au désintéressement, au manque d'appétit sexuel et même, au son dégoût. Au début, le dégoût sexuel peut être imperceptible, de sorte que certains couples n'y prêtent même pas attention. Mais avec le temps, la victime se désintéressera de plus en plus de sa moitié au lit. C'est en ce moment là que la stérilité, si elle n'y était pas encore, s'installe et s'affirme dans ce couple.

Si l'épouse est la victime, elle plongera dans le mensonge en faisant la malade imaginaire, juste pour esquiver les avances amoureuses incessantes de son époux. Si l'époux est la victime, il s'agrippera à son ordinateur, à son téléphone intelligent ou à son poste de télévision jusqu'aux heures tardives, afin de laisser passer le temps de tumulte. Dès que l'accalmie est assurée par les ronflements de son épouse, alors il viendra monter au lit sans bruit comme un chat, pour éviter justement de réveiller la chatte qui dort.

A partir de ce moment, il n'y a plus d'entente dans le couple ; le sourire disparait dans la chambre à coucher, et même dans le foyer. Le dialogue devient occasionnel, lorsqu'on reçoit des visiteurs à la maison. L'homme et sa femme commencent à faire semblant de mener une vie d'entente ; alors qu'en réalité, c'est une entente de façade. Comment une telle situation arrive-t-elle à surgir dans un couple ?

Lorsque la femme de nuit attaque l'homme et le domine, elle se l'approprie et le fatigue. Celui-ci devient sexuellement incapable de satisfaire son épouse, à cause de l'apparition de la faiblesse sexuelle dans sa vie. De la même manière, lorsque l'esprit de mari de nuit prend possession de la femme, il la viole, la fatigue jusqu'au dégoût de l'acte sexuel, de sorte qu'elle ne voudra plus que son époux la touche. Si elle se laisse faire, elle subit sans joie car, elle n'y trouve aucune sensation de plaisir ; elle est devenue frigide.

Dans un couple où règne la frigidité et, ou la faiblesse sexuelle, il n'y a plus de véritable dialogue, surtout si les conjoints sont relativement jeunes. Le dialogue devient haché, composé des courtes questions et des réponses monosyllabiques, à peine audibles comme par exemple :

Question :*Tétéou* ? *Au lieu de dire : Tu étais où, chérie ?*
Réponse *: En'v, au lieu de dire : En ville.*

Et puis c'est tout, comme dialogue de la soirée.

Le sourire disparait de leurs visages ; l'homme et sa femme vivent désormais comme deux colocataires antipathiques ; chacun se sentant mieux ailleurs que chez-soi. Le sourire, la joie et le rire n'illuminent le visage que, lorsque l'on rencontre les collègues de service, les voisins et les amis dans les cafés du coin, au marché ou dans un bus.

Mais dès que l'on rentre chez-soi, la seule vue de sa maison provoque un sentiment de dégout ; dégout du mariage, dégout de la vie, dégout de tout. Le reliquat de bien être et de sourire que les belles causettes des collègues et amis avaient provoqué, disparait subitement du visage. A ce stade, la victime se laisse progressivement habitée par le désespoir et la déception. Apparaissent alors dans ses pensées, l'envie et le désir d'aller voir ailleurs.

Lorsque les pensées et les désirs de la chair désertent le lit conjugal, ils vont fouiller dans les vieux souvenirs du temps de l'adolescence, quand on était encore jeune célibataire. Alors, certains faits sensibles qui étaient jusque là enfouis au fond de la poubelle du cœur, surgissent dans la mémoire..., on se souvient des fiançailles d'antan, des petites copines ou petits copains du collège…, avec leur fougue, leur vitalité amoureuse, leur sourire bon enfant…etc.

A partir de ce moment, le couple entre dans une turbulence dont on ne peut prévoir l'issue. La menace du divorce pèse lourd, même si elle est amortie par la période intermédiaire, celle de la séparation des corps.

La séparation des corps est une période de divorce avec sursit pour la pauvre victime. Elle s'initie à tout, goûte à tout ce qui lui semblait interdit par le lien du mariage. Elle change sa manière de s'habiller, et adopte même une certaine façon de s'exprimer, la rendant ainsi une proie facile pour l'alcool, la drogue, la prostitution…etc.

Elle fait semblant d'être heureuse alors qu'en réalité, elle ne sait où elle en est. Elle cherche à s'accrocher à quelque chose, mais à quoi ? Puisque le diable l'en empêche. Pendant la séparation des corps, le dialogue change radicalement de style. Il devient, une courte question, …contre une réponse sous forme d'une courte question ; puisque personne ne rend compte à personne. Exemple : L'un pose la question : *Où vas-tu ?*...

et l'autre répond : *Pourquoi ?*...

La séparation des corps est une période pendant laquelle la victime s'initie malgré elle, à la vie des divorcés. Elle bénéficie pour cela du concours des divorcés chevronnés et récidivistes, que le diable met sur son chemin pour l'entrainer aux pratiques qui conduisent à coup sûr, au divorce et ou à la mort.

Si cette lecture a réveillé quelques uns de vos souvenirs, nous vous invitons à vous approcher de Jésus-Christ. Il vous aime et voudrait vous sauver. Rejoignez-lui dans l'église ou dans l'assemblée chrétienne la plus proche de chez vous. Sachez que, ce sont les malades qui cherchent le médecin ; cherchez Jésus-Christ de tout votre cœur, il se laissera trouver (Esaie65 :1-2). Donnez-lui votre âme, soumettez-lui votre problème et, croyez en lui car, tout est possible à celui qui croit (Marc9 :23) ; il vous délivrera. « Il n'y a de salut en aucun autre ; car il n'y a sous le ciel aucun autre nom qui ait été donné parmi les hommes, par lequel nous devions être sauvé. (Acte 4 :12) »

Jésus-Christ délivre au travers de ses serviteurs, comme nous le verrons en détails dans mon prochain livre sur **la délivrance**.

Fin